AF457655

SANTIAGO A L'ENTRÉE DE LA VILLE.

(Croquis de A. Huon.)

BIBLIOTHÈQUE NATIONALE R.F. IMPRIMÉS

SANTIAGO ET LA HAVANE

I

Saint Jacques étant le patron de toute l'Espagne, il est naturel que les Espagnols, très catholiques, aient donné son nom (San Iago) à plusieurs de leurs villes d'Europe et d'Amérique. Telles Santiago de Compostella, en Corogne (Galicie), dont la cathédrale renferme les reliques de l'apôtre et dont l'université, fondée en 1501, est célèbre; Santiago de Estero, dans la République Argentine; Santiago de los Caballeros, sur la côte est d'Haïti, et Santiago de Cuba, l'ancienne capitale de la principale Antille, qui est maintenant le théâtre de la guerre hispano-américaine.

Débaptisée au profit de toute l'île et réduite au rôle de chef-lieu d'un département oriental, Santiago de Cuba, est restée une place de commerce dont la population suit un mouvement ascendant (40,000 âmes environ, il y a vingt-cinq ans, et actuellement plus de 70,000). On connaît ses vicissitudes et l'on sait comment elle fut désertée par ceux qui allèrent enrichir la Havane. Ce que l'on ignore peut-être, c'est qu'elle n'a jamais pardonné cet affront et que, depuis cet abandon, elle a toujours eu un profond mépris pour les Habaneros, en qui elle ne voit que des maîtres avides, car elle n'a cessé, à aucune époque, de confondre dans un même ressentiment ceux qui sont nés Havanais et les fonctionnaires qui, envoyés par la métropole, pressurèrent la colonie. Ces rancunes, devenues des haines, se sont enracinées dans les cœurs. Elles se manifesteront ouvertement lorsque les Américains, vainqueurs du combat livré à l'Espagne, tenteront de pacifier Cuba.

Descendants des conquistadores, les Cubains de Santiago ont, bien bien plus que les Havanais, conservé sans mélange les traits distinctifs du caractère de leurs aïeux : l'orgueil, la perpétuelle mémoire des injures (1), les emportements fougueux. Sous leur vernis de séduisante amabilité subsiste l'intransigeante antipathie à l'égard des usurpateurs de leur ancienne suprématie. Cette mésintelligence avec la Havane, qui ne s'est jamais complètement éteinte, s'affirmera sans doute par des actes violents dès que, d'une ou d'autre façon, l'île aura recouvré son autonomie. On verra alors, comme on en a été si souvent témoin au Brésil (2), se produire des scissions dont l'issue sera peut-être funeste à la liberté des Cubains, parce que tous les ferments des discordes civiles se développeront à la même occasion. Et il se peut que ces dissentiments poussent les États-Unis à des résolutions qu'ils ont déclarées contraires à leurs vues (3).

II

Il est douteux que Santiago de Cuba puisse reconquérir son éclat d'antan. Beaucoup de raisons s'y opposeront toujours. D'abord, sa situation, ensuite l'extension considérable prise dans l'évolution économique de l'île par la Havane. En supposant que Cuba, affranchie de la domination espagnole, adopte le régime fédératif à l'exemple des États-Unis ou du Brésil, les Havanais auront, à cause de leur supériorité numérique, la majorité dans le Congrès cubain et s'arrogeront des privilèges qui ne pourront leur être disputés que par une coalition des cinq autres provinces (Matanzas, Santiago, Cienfuegos, Puerto-Principe et Cardenas); mais cette coalition, même si elle concentrait, en un effort unique de résistance aux prétentions de la Havane, toutes les volontés qui peuvent réagir contre celle-ci, aurait toujours le dessous. C'est une question de chiffre. Les Havanais sont 200,000. Les autres, réunis en un seul faisceau, seraient inférieurs en nombre. Or, il est impossible que la concentration politique des cinq provinces, en dehors de la Havane, se fasse dans ces conditions d'accord absolu. Il faudrait d'abord, pour atteindre à ce résultat chimérique, que l'opposition n'eût qu'un programme, et c'est le contraire qui arrivera. Non seulement chaque province, mais chaque ville fera, autant qu'il lui sera possible, prévaloir ses intérêts séparatistes. Chacun invoquera des droits personnels et des besoins particuliers en exigeant des prérogatives basées sur des considérations qui n'auront rien d'altruiste. La conséquence facile à prévoir de cette pour-

(1) C'est d'ailleurs de Santiago de Cuba que sont parties toutes les grandes insurrections qui se sont ensuite répandues dans l'île : celle de 1868 et surtout celle de 1895 qui dure encore.

(2) Voir *Bibliothèque illustrée des voyages*, nº 23 (le Brésil), introduction : *Passé et présent du Brésil*, par Charles SIMOND

(3) Voir *Bibliothèque illustrée des voyages*, nº 33 (la Havane-Matanzas), introduction : *l'Avenir des Antilles espagnoles*, par Charles SIMOND.

suite étroite de profits locaux sera que la Havane restera maîtresse du débat, qui se terminera en sa faveur, ou pacifiquement ou par les armes.

III

Il y a un autre fait qui paralysera les tentatives que ferait Santiago pour reprendre son rang de capitale. C'est que la Havane n'est pas seulement le foyer de la richesse de l'île, mais aussi celui de son activité sociale et intellectuelle, tandis que sur tous les autres points de Cuba le progrès n'a pas creusé de sillons bien marquants, ni jeté en terre des semences bien promptes à germer. On en a la preuve dans la différence qui existe entre la physionomie de Santiago et celle de la Havane. « Santiago de Cuba, disait il y a trente ans un voyageur français (1), est la capitale d'un petit monde à part, à 800 milles de la Havane, séparée du nord de l'île par de vastes solitudes. » La description est toujours vraie. Or, dans ce monde à part, la civilisation n'a pas fait brèche. Le mur qui l'entoure est une barrière que ne franchissent guère les idées européennes. Il suffit, pour s'en convaincre, de voir l'état de délabrement du quartier le plus mouvementé, celui qui est voisin du port et où se groupent les magasins, les maisons de commerce, au-dessus desquelles s'étagent — la ville étant toute en montées — les habitations aristocratiques tout aussi mal entretenues (2).

Ajoutez le parti pris de la population de Santiago de ne point s'intéresser aux choses de l'esprit. Les Cubanos (habitants de Santiago de Cuba) diffèrent complètement sous ce rapport des Matanzeros (habitants de Matanzas). Ces derniers cultivent les lettres, et leurs poètes produisent des œuvres d'une grâce touchante. Leurs compositeurs ont une célébrité qui a des échos même en France (3). A Santiago, les écoles ne font pas défaut, et elles possèdent des professeurs habiles et savants, mais ils ont peu d'élèves, et ceux qui assistent à leurs leçons n'y prennent par inclination qu'un médiocre intérêt. La plupart des jeunes gens désertent les classes, se persuadant que l'instruction leur est inutile. Pendant longtemps Santiago s'est passé de librairies sans que personne jugeât nécessaire d'y signaler cette lacune et d'y remédier. Tout autre est la Havane. Ses journaux, nombreux, bien renseignés, abondamment documentés sur tout ce qui se passe dans l'île, dans la métropole, dans les autres pays d'Amérique ou d'Europe, ont des milliers de lecteurs. Ses libraires font fortune, grâce à leur clientèle considérable. Ses écrivains rivalisent avec les illustrations littéraires des Camagueyanos (habitants de Port-au-Prince) (4).

(1) E. DUVERGIER DE HAURANNE, *Revue des Deux Mondes*, 1866.

(2) Voir *Bibliothèque illustrée des voyages*, n° 31, *Cuba et Puerto-Rico*, par CASTONNET DES FOSSES.

(3) Joseph White était de Matanzas. Venu à Paris, il se présenta au Conservatoire et y fut reçu d'emblée. Entré dans la classe de violon, dirigée par Allard, il y remporta la même année le premier prix. Tout Paris s'enthousiasma pour ce jeune Cubain. Il parcourut les deux Amériques et s'y fit applaudir comme un émule de Sivori.

(4) Parmi ces derniers, il faut citer Gertrude Gomez de Avellaneda, que les critiques espagnols ont proclamée le plus grand des poètes modernes.

IV

Cependant, il serait injuste de ne voir dans Santiago qu'une ville déchue, irrémédiablement vouée à la ruine. Les grands événements qui s'accomplissent dans l'île de Cuba à l'heure où nous sommes ont déjà exercé une impression féconde sur toutes les âmes cubaines. A Santiago comme à la Havane, comme partout, l'infortune a élevé les cœurs. Une transformation morale s'est opérée dans toutes ces villes où nul ne sait à qui appartiendra l'avenir, où les plaisirs et les insouciances ont fait place aux angoisses. Ces hommes que l'on croyait indolents sont des héros; ces femmes à l'apparence nonchalante révèlent de sublimes qualités de vaillance. C'est tout un peuple qui grandit dans l'histoire et dont la postérité célèbrera la constance.

De cet héroïsme naîtra, suivant toute probabilité, une vie nouvelle. Quand la guerre d'indépendance aura achevé sa tâche pénible, on respirera dans toute l'île une autre atmosphère que celle d'auparavant, comme après un orage qui purifie l'air. A tant de souffrances et de deuil succédera vraisemblablement une ère de relèvement. Toutes les provinces cubaines s'associeront pour reconstruire l'édifice de la patrie. Mais cette harmonie, dictée par la sécurité de tous, peut, comme nous l'avons indiqué plus haut, être traversée par de fatales compétitions d'envies et d'ambitions. Pour les rendre impuissantes, il faudra plus qu'un sentiment unanime des dangers que créeraient les divisions intestines. Il n'y aura de salut possible que sous un pouvoir librement accepté par tous, mais investi de droits souverains. Dans la situation présente, ce pouvoir ne peut émaner que de la Havane. Santiago consentira-t-elle à cette abdication de ses rêves, de ses espérances et de ses visées? Là gît, en réalité, tout le problème cubain. Et qui peut en prédire la solution?

V

C'est devant cette incertitude de l'entente entre les provinces cubaines, après la conquête de leur liberté, que les États-Unis auront à orienter la politique de protection promise par le gouvernement de Washington. Nous croyons qu'ils n'y parviendront pas aisément, car ils auront à manœuvrer au milieu d'écueils. Les Cubains, mis en possession de leur indépendance, en feront-ils un usage prudent et réfléchi? C'est douteux. Et s'ils cèdent à la fougue de leur naturel, où les impatients mèneront-ils les dociles? Acceptera-t-on, en cas de divergences d'opinions sur les lois fondamentales, sur les principes de la constitution cubaine à élaborer et à voter, l'arbitrage des Américains, et, quand les arbitres feront pencher la balance du côté de la Havane, obtiendront-ils le consentement sincère de tous les Cubains? Tous ces points noirs apparaissent à l'horizon; l'observateur calme les voit et se demande avec anxiété si les nuages qui grossiront bientôt ne sont pas chargés de foudres encore inattendues et plus redoutables même que celle qu'on entend éclater.

Charles SIMOND.

SANTIAGO. — LE CONSULAT BRITANNIQUE.

(Croquis de A. Huon.)

SANTIAGO DE CUBA (1)

I

Après une rapide traversée, nous étions rendus à Santiago. Les maisons s'étalent sur la plage, formant une ligne courbe parallèle à celle que décrit la baie, et s'échelonnent sur les hauteurs d'un sol très montagneux. Ces maisons ne se composent, pour la plupart, que d'un rez-de-chaussée. Les tremblements de terre, qui sont fréquents en ce pays, exigent des constructions solides et peu élevées. Elles sont bâties en briques, sans aucune règle d'architecture, enduites d'une forte couche de mortier et barbouillées chacune de deux couleurs, qui produisent de loin un effet étrange. Pour justifier ce singulier badigeon, les habitants allèguent que des murs blancs fatigueraient trop les yeux sous l'éclatante lumière du soleil tropical; il y a même une loi qui les interdit; mais on peut laisser paraître les briques qu'on prend soin de recouvrir inutilement.

En face de Santiago, sur l'autre rive, s'élève une colline verdoyante qui allonge sa chaîne harmonieuse en ondulant çà et là; le regard s'y repose complaisamment et en suit avec plaisir toutes les capricieuses et charmantes sinuosités. Au delà, au bord de

(1) Ces pages sont extraites du volume intitulé *l'Ile de Cuba*, par H. Piron (Librairie Plon).

l'horizon. apparaissent les crêtes de quelques montagnes, qui ont l'air de se hausser pour regarder, par-dessus les épaules de la colline. la jolie baie s'étendant à ses pieds, limpide comme un beau lac. Elle en a les rides chatoyantes, qui se multiplient sous la tiède haleine de la brise; mais elle a de plus petites vagues, qui vont mollement baiser la rive avec un doux murmure et y déposer leur blanche écume; lentement elles redescendent, puis remontent et caressent encore. La baie n'est pas extrêmement large, et, de cet endroit où le navire qui nous a transportés s'arrête en laissant tomber l'ancre. nous pouvons juger de sa longueur, car nous voyons la plage où elle finit. Un pont est jeté sur ses pieds humides. comme un édredon qui les couvre. A sa gauche, elle a une verte tapisserie, émaillée de fleurs aux nuances diverses; à sa droite se dessine la rangée de maisons, lui faisant un ornement colorié. Sa tête se repose fièrement à côté de l'océan Atlantique, entre deux rochers gigantesques; à sa poitrine est attachée une épingle d'émeraude, une île aux majestueux cocotiers. Elle accueille et caresse tous les navires qui la sillonnent ou s'y reposent en paix, parce qu'elle se sent belle, dans sa petitesse, dans son calme, dans sa grâce.

*
* *

Le dimanche qui suivit mon arrivée, je fus réveillé par un carillon dont on ne peut se faire une idée. Ceux qui ont été dans l'Amérique espagnole savent seuls ce que c'est. Dès la veille, après l'*Angelus*, un bruit de cloches inaccoutumé annonçait le jour dominical. C'était un tapage étourdissant, pourtant fait avec un certain ensemble, avec une certaine tendance au rythme et à la mesure. C'était assommant avec originalité.

Comme en Espagne, les cloches ne sont pas mises en branle (1). On attache une corde à un anneau fixé au battant de la cloche, et, chaque fois qu'on tire la corde, le battant frappe et produit un son criard. Les sonneurs sont d'une dextérité extrême à tirer la corde. Ils font leur tintamarre avec plusieurs cloches, dont ils alternent les sons avec une rapidité et une entente qui ont pour eux tout le charme de la difficulté vaincue. Il y a des airs du pays qu'ils exécutent sur leur monotone instrument, entre autres celui-ci, qui est fort populaire :

Tan, tan, tan, tan, tan,
Juanica la vieja no tiene futan (2).

Dans ce pays catholique, c'est particulièrement à l'église que le

(1) A la suite de l'affaire des Vêpres siciliennes, un ordre papal défendit que les cloches fussent mises en branle dans tous les pays espagnols.

(2) Tan, tan, tan, tan, tan,
Juanica la vieille n'a pas de jupon.

voyageur doit aller pour se former une idée générale des habitants. Là il trouve une réunion de toutes les classes de la société, et il peut superficiellement les étudier. Tout le monde assiste à la messe, nul ne s'en dispense. Ceux-ci y vont par piété, ceux-là par curiosité, les uns pour prier, les autres pour se distraire.

L'église principale de Santiago n'offre extérieurement rien de bien beau : de grand murs construits en briques, surmontés de deux clochers du côté de la façade — qui regarde le *gobierno* (l'hôtel du gouvernement — et d'un dôme vers le milieu du toit, voilà tout.

A dix heures, après avoir gravi les marches d'un énorme soubassement, j'entrai dans la cathédrale avec don Antonio, l'un des personnages à qui j'étais recommandé, un grand seigneur très distingué. Nous nous avançâmes aussitôt vers la nef. Elle est d'une grande étendue; de nombreux piliers, un peu massifs, en supportent la voûte colossale. Les bas côtés sont ornés de chapelles, qui toutes contiennent de grandes richesses. Des bancs en acajou et à dossier sont placés dans la nef, le long des piliers. Ils forment deux longues rangées et sont réservés aux hommes, qui viennent s'y asseoir gratuitement.

Au moment où nous arrivâmes, il y avait déjà dans l'église un assez grand nombre de personnes. Quoique les bancs fussent à peu près vides, nous allâmes nous appuyer sur le dossier de l'un d'eux pour mieux voir. A chaque instant, une dame arrivait en grande toilette, suivie d'un petit nègre ou d'une petite négresse portant une chaise, un tapis et un livre d'heures. L'esclave étendait soigneusement le tapis, posait la chaise, présentait le livre, et se blottissait humblement par derrière. La maîtresse s'agenouillait, murmurait une courte prière, puis s'asseyait, rajustait son grand voile noir sur sa tête nue, s'éventait et regardait autour d'elle. Aussitôt que ses yeux noirs apercevaient une figure de connaissance, elle saluait légèrement en souriant. Les femmes des diverses classes de la société se confondaient, pourvu qu'elles fussent richement vêtues et suivies de négrillons portant chaises et tapis. Les femmes plus humbles qui venaient pour prier ne se mettaient pas dans la nef; elles se plaçaient sur les côtés.

Généralement on vient à la cathédrale pour se faire voir, pour être admirée; en ce cas, il n'est pas étonnant qu'on s'y montre dans ses plus beaux atours. On est distraite, préoccupée, c'est une conséquence; on regarde tous ceux qui entrent, on s'évente avec un art remarquable. Le jeu de l'éventail est chose curieuse en ce pays. Aux mains des coquettes, cet élégant petit instrument sert moins à s'éventer qu'à exprimer des sentiments. Il a tout un langage, plus varié que celui des fleurs, plus éloquent que celui des yeux. Les diverses façons de l'ouvrir et de le fermer avec plus ou moins de rapidité et de bruit ont mille significations.

J'étais arrivé à Cuba vers une favorable époque de l'année pour assister à de solennelles cérémonies religieuses. Elles ont un côté curieux que je vais essayer d'esquisser.

Le jeudi saint se passe à peu près comme dans tous les pays catholiques. Seulement, à Santiago les églises sont ornées d'une façon particulière, avec plus de richesse que d'art et de goût; elles sont

VUE DE SANTIAGO DE CUBA PRISE DU DOCK.

(Croquis de A. Huon.)

éblouissantes par un grand luxe de lumières. Toute la population est en marche ce jour-là et les visite scrupuleusement, sans en excepter une, baise pieusement les pieds sacrés des statues du Christ et de la Vierge, en déposant son aumône dans des plateaux d'argent. Les cierges allumés s'avancent, sur des rangs pressés, à partir du grand autel jusqu'au milieu de la nef. Leurs langues de feu forment comme une mer embrasée.

Le vendredi la cérémonie commence à la cathédrale dès le matin à huit heures et ne finit que le soir assez tard. Une foule de fidèles s'y pressent avec une admirable constance. Quelques-uns ne s'absentent que le temps nécessaire pour faire à la hâte un court repas

SANTIAGO. — LES FAUBOURGS.

(Croquis de A. Huòn.)

et revenir. D'autres apportent avec eux une légère collation et mangent dans le saint lieu même, plutôt que de le quitter un seul instant pour le mieux respecter.

Il est impossible que durant un si grand nombre d'heures des distractions ne viennent troubler la plus fervente piété. Aussi s'oublie-t-on quelquefois jusqu'à faire la conversation avec son voisin. En certains moments, quand une procession traverse l'église, de grands troubles se produisent. Alors la voix irritée du curé gronde comme le tonnerre sous la voûte sonore du chœur et ramène sévèrement les égarés à leur saint devoir, un instant oublié. Ils reprennent docilement leurs prières interrompues.

Une procession va prendre à l'église *San-Francisco* la statue de Jésus de Nazareth et la transporte à la cathédrale; une autre va chercher l'auguste Mère du martyr et la conduit au même lieu.

Quand les deux statues sont en présence, un prédicateur monte en chaire et prononce un premier sermon, qui dure deux heures. Sa pathétique éloquence fait verser d'abondantes larmes sur les souffrances passées du Sauveur et la désolation de sa Mère.

Vers trois heures, il y a une trentaine d'années, on voyait attacher Jésus sur la croix. La population était tentée de prendre pour des bourreaux ceux qui faisaient subir ce supplice à un morceau de bois et de les crucifier à leur tour. On a renoncé à ce spectacle douloureux qui faisait trop saigner les cœurs sensibles. Maintenant on se contente de cacher le maître-autel par un grand rideau blanc, et, après le décrucifiement, on place le corps inanimé du glorieux martyr dans un riche tombeau, tout doré, entouré de gracieux petits anges joufflus.

En ce moment un autre prédicateur monte en chaire et prononce un second sermon.

On assiste ensuite à la procession du Saint-Sépulcre autour de l'église. Puis la statue de la Vierge est reprise et reportée, en une nouvelle procession, à l'église de *los Dolores*, pompeusement parée, où la journée se termine enfin par un troisième sermon, qui dure jusqu'à onze heures.

Les fidèles reviennent alors chez eux, exténués, mais ayant pieusement employé leur temps.

Les processions se composent ce jour-là de prêtres chantant et accompagnant la statue de la Vierge ou celle de Jésus, et, à la suite, d'hommes en habit bourgeois, rangés sur deux files, tenant chacun à la main un cierge allumé. Au moment qui précède la sortie d'une procession, des enfants de chœur viennent offrir des cierges à tous les hommes décemment vêtus qui sont dans l'église, et ceux-ci acceptent cette offre — le gouverneur lui-même et les hauts fonctionnaires, qui assistent toujours à de telles solennités — comme une faveur; ils savent qu'ils vont figurer pour une part honorable dans la belle cérémonie qui doit avoir lieu; ils porlent gravement leurs cierges, et se tachent les vêtements avec une sérénité tout à fait édifiante.

La procession terminée, les cierges sont fidèlement remis aux enfants de chœur, qui accourent les recevoir.

Quelquefois des gamins déguisés en hommes raisonnables s'emparent de quelques-uns de ces flambeaux, au début de la cérémonie, pour se donner de l'importance, et s'il survient des querelles entre eux, ils s'en servent comme d'armes *à feu* pour se battre.

La journée commence avec beaucoup d'ordre; mais vers la fin, elle montre un laisser aller bien loin du respectueux silence imposé aux fidèles. J'entends encore le monotone bourdonnement des vieilles dévotes récitant à haute voix leur chapelet en même temps que le bruit plus gai des conversations mondaines qui se tenaient tout à côté.

Le samedi saint, à l'*Alleluia*, les cloches sonnent d'une manière extraordinaire; elles chantent alors les airs les plus gais, les plus impossibles de leur répertoire. A ce carillon grotesque se mêle le bruit d'une fusillade qui part de tous les points de la ville. C'est un tapage à ne savoir où se réfugier. Les gamins sont en grande joie, car ce sont eux et des jeunes gens qui font entendre ces multiples détonations : ils tuent et ils brûlent les Juifs en effigie. Depuis plusieurs jours, ils ont laborieusement préparé leur mannequin de grandeur naturelle; ils en ont fait des caricatures des deux sexes, qu'ils ont habillées d'une façon ridicule : aux hommes, ils ont mis des faux-cols et des habits prodigieux; aux femmes, des robes scandaleuses. Le samedi matin ils les pendent au milieu des rues, et, armés de fusils, de pistolets, ils attendent impatiemment le moment convenu pour le reste de l'exécution.

Dès que les cloches donnent le signal, ils tirent avec rage sur ces misérables *judios*, ils mettent le feu aux pétards qu'ils leur ont attachés aux jambes, ils leur prodiguent les plus dures injures, les frappent avec mépris et leur crachent au visage. Ils ne les abandonnent que quand, de tous ces mannequins, il ne reste que des tas de cendre.

II

Dans l'après-midi, j'allai visiter *la Alameda*, vaste promenade plantée de grands arbres et qui s'étend au bord de la baie. Lorsque j'y arrivai, les voitures, rangées sur une seule et longue ligne, suivaient la grande allée qui leur est réservée, tandis que les cavaliers occupaient une allée parallèle. Les piétons se promenaient un peu à l'écart ou regardaient les *señoras* en *calesa* et les cavaliers. La musique militaire se tenait sur une petite place ornée d'un jet d'eau et faisait entendre des morceaux d'opéra, qu'elle alternait avec des valses et des *rigodones*. L'exécution laissait beaucoup à désirer. Pourtant quelques amateurs étaient groupés autour des musiciens; d'autres se plaçaient de façon à les entendre et à voir les chevaux et les voitures qui passaient. Parmi les cavaliers et les personnes qui se pavanaient dans les voitures, je vis fort peu de figures brunes. J'en fis la remarque à quelqu'un qui se trouvait à mon côté, et j'appris ce qui était pour moi un mystère, le préjugé de couleur.

Ce préjugé est l'un des inévitables résultats de l'esclavage. Il naquit dès le jour où l'on débarqua des Africains sur le sol des colonies. On les condamne à toutes sortes de travaux, ils rendent d'importants services, et, pour récompense, on les méprise. L'aversion qu'ils inspirent s'étend jusqu'à leurs descendants, quelque éloignés qu'ils soient, même sur ceux qui n'ont dans les veines qu'une seule goutte de ce sang africain. Ainsi, toute personne qui n'est pas de la race blanche, quelque riche et quelque honorable qu'elle soit d'ailleurs, n'a pas le *droit* de se promener ni à cheval ni en voiture à *la Alameda*.

SANTIAGO. — UN CHAR A BŒUFS.

(Croquis de A. Huon.)

On m'a raconté qu'un dimanche, dans l'après-midi, une dame de couleur, très considérée parmi les siens, citée pour sa richesse, pour sa beauté, pour son élégance, monta en voiture avec sa famille et eut la fantaisie de se faire conduire à *la Alameda*. En l'apercevant, les dames blanches frémirent d'indignation; leurs maris, leurs pères ou leurs frères, qui les accompagnaient, ne savaient qu'imaginer pour punir une telle impertinence; mais elles s'en chargèrent elles-mêmes, et sur l'heure. Peu à peu elles désertèrent le lieu profané, comme si toutes elles s'étaient donné le mot. Au bout de quelques instants, la femme de couleur s'aperçut qu'elle se promenait dans une allée déserte. Toute frémissante, elle donna l'ordre du retour à son cocher en murmurant : « Il paraît que je suis une pestiférée! »

III

Un dimanche, un ami, don Pedro, vint me prendre, ainsi que nous en étions convenus, pour me conduire à la *galleria*. Il était grand amateur de combats de coqs, et, comme je n'en avais jamais vu, il m'en faisait des éloges qu'il prenait plaisir à exagérer follement.

Nous payâmes un modique prix d'entrée, et l'on nous fit passer dans une vaste cour. Au centre de cette cour s'élève une estrade circulaire, construite en bois et couverte d'un toit de planches;

SANTIAGO. — VUE DU FORT DELGADO.

(Croquis de A. Huon.)

c'est la *galleria*, — lieu où l'on fait battre les coqs. Une foule nombreuse occupait l'estrade et se répandait dans la cour et dans l'enceinte de cette manière de cirque. Tout le monde se parlait avec animation; on entendait un bourdonnement qui me rappelait celui de la Bourse de Paris. Des *señores*, élégamment vêtus, tenaient en main des coqs qu'ils comparaient et dont ils discutaient les avantages. Ils essayaient d'établir une nouvelle gageure, sans y parvenir. Déjà le sang de plusieurs combattants avait coulé. Je voyais les vainqueurs et les vaincus de ces duels étranges aux mains de quelques individus. Les vainqueurs étaient l'objet de soins attentifs, tandis que les vaincus, quand ils n'étaient pas morts, étaient traités avec mépris, parfois même avec cruauté.

Enfin un combat fut convenu entre un petit coq blanc et un coq rouge de taille moyenne. Alors on procéda immédiatement à un dernier préparatif indispensable : on gratta et l'on tailla avec un canif les éperons des deux futurs adversaires jusqu'à les rendre extrêmement aigus. A Cuba l'on fait battre les coqs avec leurs armes naturelles; on repousse avec horreur le système anglais, qui consiste à leur attacher aux éperons de petits sabres tranchants, barbarie odieuse qui ne permet même pas d'apprécier leur adresse, car le hasard fait tout pour eux.

Tandis qu'on se livrait à l'opération que nous avons signalée, don Pedro m'expliqua le régime auquel on soumet ces terribles oiseaux. Je remarquai qu'on leur avait coupé au ras de l'épiderme les plumes du cou, des cuisses et d'une grande partie du corps; on ne leur avait conservé que les plumes nécessaires pour garantir la poitrine, celles des ailes et un bouquet de queue. Les parties nues étaient d'un rouge ardent; don Pedro m'en apprit la cause : c'est qu'on les avait fréquemment arrosées d'*aguardiente* (de tafia). On les habitue à cette liqueur forte, on leur en souffle tous les jours à pleine bouche sur la tête, dégarnie de l'orgueilleuse et inutile crête, qui eût été une prise pour l'ennemi. Leur nourriture est très réglée; ils ne mangent que deux fois par jour, à des heures convenues; on ne leur donne qu'un nombre limité de grains de maïs; le matin on leur accorde de petites boulettes de viande fortement épicées. On les tient sévèrement à l'attache, afin qu'ils n'enfreignent point les lois qu'on a établies pour eux et qu'ils n'aillent pas perdre leur vigueur auprès des poulettes. Ce régime a pour but de les endurcir et de les fortifier. On reconnaît tout de suite l'influence du tafia sur eux, quand on les soulève en les prenant au-dessous du jabot; leurs jambes, suspendues, sont alors saisies d'un tremblement nerveux extraordinaire. On distingue facilement leur race vigoureuse parmi les variétés vulgaires des autres coqs. Les plumes de leurs ailes sont beaucoup plus dures, leurs becs coupent naturellement comme des ciseaux, leur chant résonne comme le clairon et se termine d'une façon brève qui ressemble à une provocation hardiment jetée.

Pour un Espagnol, un *gallo fino* a une grande valeur (1), tandis qu'un *gallo criollo* n'a que celle que peut lui accorder une cuisinière.

Enfin, quand on eut fini de disposer les deux coqs pour le

(1) Ils le payent de quinze à vingt piastres, quelquefois davantage.

combat, on entendit de tous les côtés les cris de *Fuero de la valla* (hors de l'arène)! et chacun regagna sa place ou en prit une sur l'estrade. Nous fîmes comme tout le monde; il ne resta sur le terrain, soigneusement sablé, que les parieurs, qui mirent leurs coqs en présence. Les deux féroces oiseaux se précipitèrent l'un sur l'autre, comme deux ennemis qui se cherchent depuis longtemps. Immédiatement, de tous les points de l'estrade, partirent des cris assourdissants; des paris étaient proposés et acceptés avec ardeur. « *Voy ciento contra veinte pesos sobre el gallo blanco! — Voy dos cientos contra cuarenta sobre el colorado!* (Je parie cent piastres contre vingt sur le coq blanc! — Je parie deux cents contre quarante sur le rouge!) » Des gageures plus importantes se faisaient à voix plus basse. Les avantages paraissaient du côté du coq rouge, auquel sa taille servait beaucoup; le blanc pourtant ne se décourageait pas; il luttait avec intrépidité, il remplaçait par l'adresse et la vivacité ce qui lui manquait du côté de la force; mais parfois on était tenté de le croire perdu. Chaque coup que lui donnait son rouge adversaire le faisait chanceler et faisait tressaillir les spectateurs. Des exclamations de joie retentissaient alors en certains endroits; on insultait le petit lutteur essoufflé, et une partie de ces insultes rejaillissait sur ceux qui étaient assez fous pour parier sur lui.

— *Cien pesos sobre el colorado* (1)! criait à don Pedro un jeune homme de sa connaissance. — Je tiens le pari, lui répondit audacieusement mon ami; vous allez voir comme ce petit blanc vous surprendra.

— Est-ce que vous perdez la tête, Pedro? lui demandai-je inquiet; vous voulez donc perdre votre argent?

— Rassurez-vous, me dit-il d'un air suffisant; je veux au contraire gagner celui de ce jeune fanfaron.

Le combat se prolongeait, amenant des incidents qui faisaient bondir et hurler les spectateurs. Les deux oiseaux étaient couverts de blessures d'où coulait un sang noir. Le blanc se mit à courir pour se rafraîchir la tête et essayer de fatiguer son adversaire; puis il se retourna brusquement et voulut l'attaquer, mais il le manqua, et reçut à la tête un coup perfide qui lui creva un œil. La douleur fut telle, qu'il s'affaissa sur lui-même. Les cris redoublèrent.

— Vous le voyez, dis-je à don Pedro, vous avez perdu.

— Ce n'est pas sûr; j'aurai confiance jusqu'à ce qu'il meure.

Le coq rouge s'acharna lâchement sur son adversaire terrassé, l'accabla d'une multitude de coups. Quand il se fut lassé, on les prit, leur souffla sur la tête et les remit en présence. Le borgne, en tâtonnant, saisit son ennemi, et fit appel à une suprême énergie

(1) Cent piastres sur le coq rouge.

pour lui porter un coup décisif. Contre l'attente générale, le coq rouge chancela et tomba, se débattant dans les douleurs d'une visible agonie.

Ce fut un grand désappointement pour les uns et un grand triomphe pour les autres. Don Pedro reçut ses cent piastres, en me regardant orgueilleusement.

Le combat suivant eut lieu entre un coq noir taché de rouge et un coq gris. Ce nouveau duel se présentait dans des conditions

SANTIAGO. — LE PORT.

(Croquis de A. Huon.)

intéressantes. Les deux adversaires étaient de la même taille et paraissaient également doués d'adresse et de légèreté. Mais tout à coup le noir fut étourdi par un *espuelazo* (coup d'éperon) imprévu et prit la course, une course qui avait parfaitement l'air d'une fuite. On le conspua, on le traita de misérable lâche. Au milieu de ces insultes générales, don Pedro dit avec sang-froid au jeune homme qu'il connaissait et qui se moquait comme les autres :

— Deux cents piastres sur le coq noir!

— Cela va. Vous avez donc à cœur de me donner une belle revanche!

— C'est plus que de l'audace, prenez garde! soufflai-je à l'oreille de mon ami.

LA BAIE DE SANTIAGO DE CUBA. — LE FORT MORRO.

(Croquis de A. Huon.)

— Soyez sans inquiétude. C'est la *gallina prieta* (la poule noire).

— La gallina prieta? Cela ne m'apprend rien.

— Je vous expliquerai tout plus tard.

La gallina se retourna à la manière du dernier des Horace et faillit tuer d'un coup inattendu l'adversaire qui la poursuivait. Cette ruse adroite commença à étonner les spectateurs. Les paris s'engagèrent avec une rage nouvelle. Après avoir échangé quelques bottes avec le coq gris, la gallina reprit sa course; elle courut pendant cinq minutes, puis se retourna de nouveau et, cette fois, lui brisa le crâne. Le coup fut si violent, que la tête agonisante de son ennemi lui resta attachée à l'éperon. Cette prouesse excita un enthousiasme sans bornes. On ne peut se faire une idée des passions fougueuses qui sont mises en jeu en présence de ces duels d'oiseaux. De toutes parts, on descendit dans l'enceinte, on entoura le propriétaire de la gallina pour le féliciter, mais il fendit la foule et s'esquiva.

— Je ne m'étais pas trompé, dit don Pedro; c'est bien la gallina prieta.

— Mais qu'appelez-vous ainsi?

— Un coq extraordinaire. On l'appelle *gallina*, parce qu'il ressemble à une poule, et *prieta*, parce qu'il est noir. Il a eu plus de vingt combats ici, et il a toujours remporté la victoire de cette admirable façon que vous avez vue. Il a fait perdre et gagner de grandes fortunes; il a appartenu à divers maîtres, qu'il a enrichis. Aussi est-il parfaitement connu à la galleria; son propriétaire actuel s'y est promené longtemps, sans trouver à le faire battre; il lui était impossible d'espérer de rencontrer un parieur assez fou pour risquer contre la gallina prieta son argent et son coq. Il a eu recours aujourd'hui à une ruse, il l'a fait teindre.

— Voilà, dis-je, qui est d'une astuce originale.

— Toujours est-il, reprit don Pedro, que, grâce à quelques taches rouges, la gallina prieta n'a pas été reconnue, et l'on a osé faire battre un coq contre elle. Les imbéciles ont été tellement trompés, qu'ils n'ont pas même reconnu sa tactique habituelle; ils ont sifflé! La gallina leur a prouvé, une fois de plus, ce qu'elle est. Ils commencent maintenant à se douter de la supercherie, mais il est trop tard. Le hardi propriétaire a dû parier quelque somme importante.

Pour la plupart des habitants de Cuba, les combats de coqs sont une grande préoccupation et un vif plaisir. Ces combats répondent au goût décidé des *Cubanos* et des Espagnols pour le jeu. Il y a quelques années, on risquait à la galleria, non seulement son argent, mais encore sa maison, sa plantation, ses nègres, toutes ses propriétés; on entrait là millionnaire, on en sortait ruiné. L'entrée en était interdite aux femmes, et cependant, par privilège singulier, une vieille dame s'y trouvait toujours fourrée, suivant avec un vif intérêt tous les combats et pariant gros jeu; c'était Mme Gola. Il y a quelque temps, complètement ruinée, elle distrayait sa vieillesse en jouant aux cartes avec des gamins qu'elle payait pour cette besogne. Actuellement, la galleria de Cuba est soumise à une loi très sage, mais facile à éluder : il est défendu d'y parier plus d'une certaine somme fixée; mais comment empêcher les gageures qui se font à voix basse ou d'un seul geste?

IV

Quelques familles aristocratiques donnent chez elles des *tertulias* (des soirées), mais les bals les plus brillants ont généralement lieu à la *Filarmonia*. On nomme ainsi une salle où, en de rares occasions, on organise des concerts, mais qu'on réserve plus particulièrement au plaisir de la danse. Une autre salle plus moderne, le Casino, essaya pendant quelque temps de lui faire concurrence; mais son succès fut éphémère, et aujourd'hui elle est fermée.

Trois mois après mon arrivée à Cuba, il y eut un grand bal à la *Filarmonia*, à je ne sais plus quelle occasion. Ce soir-là, j'étais saisi de paresse et je serais volontiers resté dans ma chambre à rêver, mais don Pedro m'imposa l'obligation d'admirer cette fête magnifique.

La salle était décorée avec luxe; la lumière qui se projetait des lustres et des girandoles en faisait miroiter les ornements nombreux. Vêtues selon la mode parisienne et richement parées, les femmes me paraissaient plus jolies que jamais. Les éclairs de leurs yeux luttaient avantageusement avec le feu de leurs diamants et la lumière des bougies. Leur molle démarche, les mouvements nonchalants de leurs danses, attirent l'attention des étrangers. Leurs pâles visages ont l'air de trahir des âmes ardentes, leur physionomie révèle un feu intérieur. Leurs pieds si petits, si gracieux, si délicatement chaussés, semblent impuissants à supporter leurs corps. On a peur de presser leurs mains tièdes, tant la finesse en est extrême. Sur la peau suave et parfumée de leurs rondes épaules, on ne reconnaissait pas la trace mate que laisse toujours la poudre de riz. Elles remplacent cet objet prétendu indispensable de la toilette des Parisiennes par la *cascaria* (1), fabrication du pays. Leurs danses n'étaient pas très variées. Le quadrille espagnol qu'on appelle *dansa*, le quadrille français modifié nommé *rigodon*, la valse et la polka, voilà tout leur répertoire. La grâce des femmes se déployait tout entière dans la valse.

Ce soir-là l'élite de l'aristocratie espagnole et cubaine s'était donné rendez-vous à la *Filarmonia*. Dans cette double société, on

(1) La cascaria se fait avec des coques d'œufs qu'on réduit en poudre très fine.

pouvait compter bon nombre de jeunes filles d'une beauté merveilleuse. Chacune d'elles a une célébrité qui s'étend même dans le peuple.

Celui-ci, chaque fois qu'il y a fête à la *Filarmonia*, vient se grouper aux portes et aux fenêtres, qu'on laisse ouvertes à cause de la chaleur, et il se délecte des magnificences qu'on étale devant ses yeux éblouis. Les jours de concert, il prend, dans la rue, sa part de musique qui réjouit à l'intérieur les oreilles aristocratiques.

SANTIAGO. — L'ABATTOIR OU FURENT FUSILLÉS LES COMPAGNONS DE VIRGINIUS.

(Croquis de A. Huon.)

Il connaît toutes les réputations, il critique ou il loue, il s'occupe constamment de personnes qui ne daignent même pas le regarder. Il s'intéresse naïvement à ces jeunes filles dont la beauté le séduit ; il détaille avec satisfaction les bijoux trop nombreux et trop riches qu'un goût assez épuré n'a pas encore exclus de leur parure. Il s'occupe aussi des jeunes gens, il connaît leurs prouesses galantes, leurs bons mots, leur esprit.

La *Filarmonia* de Cuba est le premier endroit où la Patti s'est fait entendre publiquement. Alors elle était encore enfant — elle avait quatorze ans à peine — et se trouvait sous la direction paternelle. La famille était pauvre, réduite aux expédients ; la petite Adelina, après en avoir été toute l'espérance, en devenait le soutien. La voix inexpérimentée de cette enfant extraordinaire émerveilla les Cubanos par ses qualités surprenantes. Ils lui firent un triomphe qui était de bon augure pour l'avenir. Je suppose qu'aujourd'hui encore la célèbre artiste n'a pas oublié ces premiers

SANTIAGO. — LA RUE PRINCIPALE.

(Croquis de A. Huon.)

bravos qui saluèrent son précoce début dans une carrière qu'elle devait parcourir avec tant d'éclat.

***

La *Filarmonia*, ce paisible lieu de plaisir, devint, à une époque déjà reculée, le théâtre d'actes de désordre dont les suites présageaient l'insurrection actuelle. Ce fut quelque temps après la célèbre expédition qu'entreprit le général Lopez en 1850 pour s'emparer de l'île avec une poignée de flibustiers. Cette tentative avortée, qui avait eu parmi les Cubanos de très chauds partisans, jeta dans les esprits une grande pertubation ; les haines entre les oppresseurs et les opprimés s'en trouvèrent fort exaltées. La sévérité de la justice espagnole avait été sans bornes ; voulant dominer par l'intimidation, le gouvernement avait peut-être dépassé le but. Beaucoup de jeunes gens, soupçonnés d'opinions trop avancées, furent arrêtés, puis parmi eux quelques-uns furent impitoyablement *garrottes* (mis à mort), quoique fort innocents de toute complicité avec Lopez et les siens.

Quelque temps après la triste fin de l'héroïque aventurier, les bals, brusquement suspendus, reprirent peu à peu, plutôt comme dissimulation que comme divertissements. En laissant paraître leur découragement, quelques timides craignaient de se compromettre. Les partisans du gouvernement, au contraire, se sentaient heureux d'afficher une gaieté qui était une insulte pour les vaincus et une flatterie pour l'Espagne. Aux bals de la *Filarmonia*, ils devenaient hardis jusqu'à l'insolence. Pour les braver, les Cubanos prodiguèrent les plus vils outrages au portrait de la reine Isabelle II, mis en évidence dans la salle. Cette action faillit être fatale aux délinquants. Si on les avait découverts, leur mort eût été certaine. Heureusement pour eux, ils surent se dissimuler et ne se compromirent pas davantage.

Des dames haut placées virent avec peine ces dissensions manifestes, elles tentèrent fort inutilement quelques réconciliations. Une d'elles, dans la louable intention de mieux réussir, réunit chez elle dans une *tertulia* les représentants des deux partis ennemis, — le parti cubano et le parti espagnol. Elle espérait qu'au moins la loi de la politesse, du savoir-vivre, les forcerait à dissimuler, et elle se disait que leurs mains, en se serrant, disposeraient leurs cœurs à se rapprocher. Les officiers espagnols et les Cubanos, en se trouvant en présence, laissèrent voir leur douloureuse surprise. Des propos très vifs furent tenus de part et d'autre ; au lieu de se tendre la main, on se donna des coups de poing. La lutte prit bientôt des proportions terribles ; les chaises servirent d'armes offensives et défensives. Les glaces volèrent en éclats ; les vases, les porcelaines, les lustres furent brisés. Plus d'un innocent reçut des coups qui ne lui étaient pas destinés. Les femmes prirent la fuite en poussant des cris d'épouvante et en laissant le champ libre aux combattants; le sang coula en abondance ; des blessés furent emportés. Celle qui avait eu la malencontreuse idée de cette fête de réconciliation s'en repentit tellement qu'elle en fit une maladie, jurant, mais un peu tard, qu'on ne l'y prendrait plus.

Parmi les Cubanos arrêtés à cause de leurs sympathies pour Lopez, il s'en trouvait d'excellentes familles. Ils étaient enfermés au Morro ; un jour on apprit qu'ils devaient être transférés à Ceuta, qui est pour l'Espagne un lieu équivalant à Cayenne et à la Nouvelle-Calédonie pour la France. Tous les jeunes gens cubanos s'en émurent vivement et ourdirent une conspiration afin de soustraire leurs frères et leurs amis à une pareille flétrissure. A l'heure du départ, tout était prêt ; ceux-ci, instruits de la trame, devaient donner le signal de l'audacieuse entreprise ; mais ils défilèrent tous, muets et impassibles, devant ceux qui voulaient les délivrer. Résignés à leur sort, les futurs déportés ne voulurent pas risquer la liberté de leurs compatriotes.

V

Depuis plusieurs jours, don Pedro et moi nous avions projeté de faire sur mer une promenade en canot. Un matin nous mîmes ce projet à exécution. Nous étions favorisés par un beau temps. Dans un ciel d'un bleu vif, à peine taché de quelques flocons de nuages blancs, brillait un soleil dont les premiers et obliques rayons avaient une précoce chaleur. Quoique imprégné de la douce fraîcheur du matin, l'air était si calme qu'il obligeait à ramer le patron de la frêle barque, ce dont le brave homme enrageait, car il donnait des signes certains de son regret de ne pouvoir se livrer à la paresse en mettant la voile au vent. Mais le vent, peu complaisant, ne voulait pas faire la besogne du pauvre patron.

Nous étions convenus de ne pas sortir de la rade ; je laissai à don Pedro le soin de nous diriger où il l'entendait. Ce que je désirais, c'était de bien connaître tous les points que baigne la gracieuse baie de Cuba.

Enfin, au bout de quelques instants, une faible brise vint au secours du patron aux abois. Il en profita immédiatement pour tendre sa voile. *Sopla, san Antonio !* (Souffle, saint Antoine !) s'écria-t-il, et, confiant dans sa fervente prière, il s'étendit et se croisa les bras. Puis il se mit à siffler entre ses dents pour encourager le souffle de saint Antoine à descendre du haut du ciel. Pourtant, malgré ces moyens infaillibles, la voile ne se gonfla pas complètement.

Nous suivions la côte à notre gauche. Nous vîmes d'abord la *Punta Blanca* (1), lieu choisi par la population cubaine pour pendre des bains, pointe qui doit son nom à la terre crayeuse et aux pierres calcaires dont elle est formée. Tout près de là se trouvait autrefois un four à chaux. Nous passâmes successivement devant *las ensenadas Caribiza, de la Creez y de los Cocos, las puntas Jutea, Canoa y Gorda et la ensenada Garpar*. La *punta Gorda* avance fièrement dans la mer les rochers dont elle se couronne ; les vagues viennent les battre avec un bruit qui ressemble à un murmure contre ce coriace obstacle qui leur est éternellement opposé. Toutes ces *ensenadas* (golfes) ne s'enfoncent pas beaucoup dans les terres. Des mangliers pressés couvrent les rives et forment une

(1) Pointe Blanche.

bordure naturelle presque impénétrable. Nulle part ne se trahit une culture quelconque ; on ne voit aucune habitation humaine. La végétation, du reste, atteste peu de fertilité dans ces parages trop voisins de la mer.

Du sein de l'onde, vis-à-vis de la *Punta Canoa* (1), s'élève un rocher qu'on nomme *Piedra de los dos Compadres* (2).

Ayant à gauche la *ensenada Garpar*, nous avions à droite l'île aux cocotiers, dont j'ai parlé au commencement de ce récit. Enfin se dessina à nos yeux la *Socapa*.

Le canot s'échoua sur le rivage, et nous sautâmes sur le sable mouvant d'une plage assez étendue et assez belle. La *Socapa* est un groupe de quelques maisons formant un village tout petit. Ces

SANTIAGO. — LE CONSULAT AMÉRICAIN.

(Croquis de A. Huon.)

maisons ressemblent aux plus ordinaires de Santiago : des murs badigeonnés et couverts d'une toiture très inclinée, dont on voit les tuiles rouges. Les plus grandes d'entre elles se composent de quatre pièces et d'une *galerie*, sorte de terrasse couverte. Le village est encadré d'une végétation assez pauvre, où dominent les cimes altières et panachées des cocotiers. Il s'étale sur une ligne légèrement courbe, à vingt pas du rivage, et se trouve surmonté par derrière de quelques montagnes dont la chaîne inégale se prolonge au loin.

Après avoir visité la Socapa, il nous restait à voir *el rio de Paradas*, rivière qui se jette dans la baie.

Nous prîmes encore à gauche, longeant la rive. Nous vîmes de nouveau d'autres *ensenadas* et d'autres *puntas* — car la rade est pleine de dentelures — parmi lesquelles il faut noter *las ensenadas*

(1) Pointe de Cânot.
(2) Pierre des deux compères.

SANTIAGO. — LE PORT ET L'ESTACADE.

(Croquis de A. Huon.)

de Capumar y de la Limeta, las puntas Limeta, Yarey, del Sal. Puis nous nous engageâmes dans l'*ensenada del Duan.* Ce golfe, assez large à son embouchure, va se rétrécissant ; l'eau change peu à peu de couleur, elle devient saumâtre. Sur les deux côtés de la rivière, — encaissée par une terre noirâtre qui s'élève à plus d'un mètre, — on jouit de la vue d'une belle végétation qui donne un frais ombrage. La douce température qu'on a dans ce lieu emprunte un charme de plus au contraste de la chaleur qu'on vient d'éprouver sous les rayons du soleil se reflétant dans la mer et vous éblouissant.

Le paresseux patron de la barque fut obligé, fort à regret, de replier sa voile pour reprendre les rames. Nous remontâmes avec quelque difficulté le cours, assez rapide, de la rivière de Paradas. Bientôt aux grands arbres qui nous abritaient succédèrent des bambous dont les troncs creux, en se frottant les uns contre les autres, produisaient des cris étranges, parfois sinistres. On eût pu croire entendre les plaintes de la Nature.

Les deux rives se rapprochaient peu et peu et semblaient vouloir nous enserrer complètement. Don Pedro, qui tenait le gouvernail, avait toutes les peines du monde pour diriger notre bateau — quelque léger qu'il fût — dans les capricieux méandres de la rivière. Nous voulions arriver jusqu'à sa source ; cette entreprise hardie ne put être menée à bonne fin. Le canot s'engagea dans le sable, et force nous fut de sauter à terre.

Nous nous trouvions sur la rive gauche. Devant nous s'étendait une vaste plaine, presque déserte, abandonnée, plantée çà et là de quelques arbrisseaux et de grands arbres qui semblaient les géants dominateurs de ce lieu sauvage. Sur la rive opposée, une végétation basse et uniforme n'offrait aucun caractère remarquable.

Nous abandonnâmes le canot au patron pour courir à l'aventure. En essayant de trouver la source de la rivière, nous vîmes avec une douce surprise, à quelque distance de l'endroit où nous avions mis un terme forcé à notre navigation, un large bassin, profondément creusé dans du sable. A dix pas de là, s'élevait un énorme groupe de grands bambous qui formaient comme une cabane naturelle. Leurs hautes cimes se balançaient avec une mollesse pleine de charme, secouant au vent leurs feuilles étroites et longues, semblables à une chevelure. Ce site pittoresque nous captiva entièrement ; la vue de cette eau calme et pure nous donna l'envie de nous baigner. En un instant nous fûmes déshabillés, et nous nous y plongeâmes avec délices.

En sortant de ce bain, qui se prolongea près d'une heure, nous nous sentîmes de l'appétit. Rhabillés en toute hâte, nous allâmes nous abriter sous les bambous, dont les feuilles mortes formaient sur le sol un lit passable ; nous nous étendîmes paresseusement, et, avec les provisions dont nous étions munis, nous fîmes notre dîner. Si ce second repas ne fut pas aussi bruyamment joyeux que le premier, il eut cependant sa part de gaieté.

Tandis que nous mangions, nous voyions des colibris au plumage vert, au collier pourpre, se jouer dans le feuillage et s'introduire précipitamment dans des nids creusés par eux dans la terre comme par des taupes. Rien n'est plus beau que ces oiseaux, mais rien n'est plus désagréable que leur chant. Le choix du lieu où ils placent leurs nids, faisant exception à toutes les espèces emplumées, est un côté bizarre et curieux de leur caractère.

Nous nous relevâmes pour aller essayer de découvrir la source du *rio de Paradas*. Nous nous aperçûmes alors que nos vêtements blancs étaient noircis en mains endroits ; nous nous étions frottés contre des branches de bambou desséchées, lesquelles se couvrent toujours d'une couche de mousse noire semblable à la suie — et produisant le même effet.

Nous remarquâmes sur notre parcours des cactus et des asphodèles de toute beauté. Presque à chaque pas, nous faisions fuir des lézards gris et verts, des anolis de toutes couleurs, des sauterelles d'espèces diverses et curieuses. Nous troublions aussi le sommeil de quelques couleuvres innocentes, paresseusement repliées en anneaux sous les feuilles sèches. Nous arrivâmes ainsi jusqu'à des collines agréablement situées, plantées de cèdres, d'orangers portant des fruits aigres et de citronniers.

Don Pedro, en sa qualité de chasseur, étant armé d'un fusil, se mit à faire un massacre des pauvres oiseaux qui sautillaient sur les branches. Il assassina impitoyablement des taccos, des grives et quelques merles d'un noir brillant, assez semblables aux corneilles. Il n'épargna pas non plus des piverts — appelés charpentiers par les créoles, non sans raison — qui creusaient leurs nids dans les troncs nus des grands cèdres avec leurs longs becs durs comme l'acier et perçants comme des vrilles.

En remontant toujours le cours de l'eau, qui diminuait constamment, nous parvînmes jusqu'à une ombreuse ravine où nous vîmes un assez mince filet d'eau jaillissant de la terre, coulant avec un doux murmure sur une roche plate et se jetant avec un bruit harmonieux sur du gravier. Don Pedro me le désigna comme la la vraie source de *Paradas*.

Comme alors il était grand temps de regagner notre canot, nous nous remîmes immédiatement en marche en pressant le pas. Quand nous reparûmes aux yeux du batelier, il fit un geste de joie, car il nous attendait avec impatience depuis longtemps.

Après être sortis du golfe *del Duan*, nous doublâmes la pointe qui porte le même nom. Nous continuâmes ensuite, ayant toujours la côte à quelques pas de nous, à notre gauche. Nous vîmes en passant *el rio de Caymanes*, qui contient beaucoup de ces terribles sauriens, et *el rio del Gascon*. Ce dernier nom m'a surpris; j'ai demandé comment une rivière de Cuba avait pu mériter cette appellation étrange, et personne n'a pu satisfaire ma légitime curiosité. Ces deux rivières, qui jettent paisiblement leurs eaux limpides dans la baie, sont peu larges et peu profondes.

Nous arrivâmes par une belle nuit étoilée, enchantés de notre agréable excursion.

VI

Au commencement de septembre, j'entendis beaucoup parler des fêtes qui devaient prochainement avoir lieu à *Cobre*, petite ville située à seize kilomètres de Santiago. On disait des merveilles de ces fêtes futures, et de nombreux départs s'effectuaient chaque jour. Je ne pus résister à l'entraînement général. J'avais, du reste, la plus grande envie de visiter ce célèbre village, qui a une très grande importance à cause de sa montagne, de sa chapelle réputée, de sa *Virgen de Caridad* (Vierge de Charité), et surtout de ses mines, qui lui ont donné son nom métallique On sait que *Cobre* signifie cuivre.

SANTIAGO. — LA CATHÉDRALE.

(Croquis de A. Huon.)

Mes préparatifs de voyage furent bientôt faits, et je m'embarquai — avec un grand nombre de personnes — à bord du *Bota-Fuego* (Jette-Feu), bateau à vapeur à marche lente, lequel annonçait son départ depuis une demi-heure par un sifflement aigu et nous transporta d'une rive à l'autre. Nous prîmes immédiatement ensuite nos places dans des wagons; je croyais qu'ils allaient être traînés par une machine à vapeur, mais on y attela des chevaux. Ceux-ci partirent au claquement du fouet du conducteur, et gravirent péniblement une longue montée. Arrivés au sommet, ils furent dételés; les wagons, abandonnés à eux-mêmes, prirent alors une course rapide, qu'explique suffisamment la déclivité du morne.

Aussitôt rendu, je déposai à la hâte mes effets dans une modeste chambre que je louai moyennant quelques piastres — prix extradinaire, vu l'affluence des étrangers qui arrivaient de tous les points de l'île — et je me mis à visiter la ville. Ce fut l'affaire de peu d'instants, car elle n'est pas bien grande. Des maisons comme les plus ordinaires de Santiago : toujours un rez-de-chaussée seulement, des murs badigeonnés, des toits très inclinés, couverts de tuiles rouges. Les rues tortueuses étaient pleines d'arrivants et avaient une animation inaccoutumée, car le lendemain

UNE VILLA A COBRE.

(Croquis de A. Huon.)

devait commencer la fête annuelle, qui dure plusieurs jours.

La ville est surmontée d'une majestueuse montagne, qui se pare pittoresquement et pieusement d'une chapelle très vénérée. La montagne est renommée pour sa hauteur; la chapelle renferme la Vierge pour laquelle on a une grande dévotion dans toute l'île et qui opère des miracles qu'on cite avec la foi la plus vive.

On ne va pas à Cobre sans en gravir la célèbre montagne. Elle est assez abrupte, mais l'ascension n'en fut pas trop pénible pour moi, car je m'arrêtais à chaque instant pour regarder les alentours. Parvenu au sommet, je fus enthousiasmé par un splendide panorama. La campagne s'étend au loin, se creusant en vallées et s'élevant en mornes ; elle était inondée de flots de lumière à tons vifs, doux ou chatoyants, qui faisaient le plus admirable effet. Les terrains cultivés se détachaient en lignes tendres sur les lignes plus sombres des forêts aux arbres gigantesques. La diversité des cultures variait encore les nuances de cet immense tapis de verdure.

Après être longtemps resté dans cette agréable contemplation, je me décidai à visiter la chapelle. Je redescendis quelques pas pour monter les marches qu'elle présente sur le versant de la montagne.

Cette chapelle est assez grande ; en y entrant, on remarque une architecture simple, mais on demeure surpris des richesses considérables qu'elle renferme. Partout des offrandes, des *ex-voto*, de petits navires, des mains, des pieds, des jambes en or, en argent, etc., une foule d'objets de prix donnés en reconnaissance des miracles de la Vierge. L'autel est magnifiquement orné de dentelles et de broderies fines. Ces broderies sont les travaux des fidèles.

La statue si vénérée de la Mère du Christ est vêtue et parée d'une façon éblouissante. Sur son front rayonne un diadème de diamants ; à son cou se voit un collier de brillants, terminé par une croix en émeraudes de toute beauté ; à ses bras, on remarque des bracelets ; à ses doigts, des bagues ; sur sa robe, sur son manteau, des ornements en or et en perles. On estime à des sommes considérables ce que d'ordinaire elle porte.

Les trésors que renferme la chapelle ne sont pas les seuls de la montagne : les filons d'une riche mine de cuivre passent justement au-dessous de cette chapelle. Dans les terrains avoisinants, on a trouvé de nombreuses mines de cuivre qui sont en exploitation depuis longtemps et qui semblent inépuisables. Elles ont produit des sommes immenses.

Les mines sont très profondes, et il faut un certain courage pour s'y aventurer, car le moindre caillou parti d'en haut peut vous blesser gravement par la force qu'il acquiert dans la durée de sa chute. On descend, le plus communément, par des seaux dans ces abîmes qui semblent prodigieux. Des galeries creusées en tous sens obligent de se tenir courbé pour les visiter. Ces mines sont presque toutes exploitées en grand ; autour d'elles fonctionnent des machines considérables. Le minerai arrivé des profondeurs de la terre à sa surface par des seaux est immédiatement pris, broyé, pulvérisé, lavé, et le cuivre se dégage de la pierre, du soufre, de toutes les parties qui faisaient corps avec lui. Chaque mine emploie un grand nombre d'ouvriers. Ils ne se résignent qu'à regret à ce rude métier de mineur. Non seulement leur labeur est extrêmement pénible, mais encore leur vie est souvent exposée, et il en meurt beaucoup.

*
* *

Voici enfin le premier jour des fêtes. Elles doivent s'ouvrir par une procession de la Vierge, grande solennité qui ne se renouvelle que tous les quatre ans. Dès le matin, un grand fracas de cloches avertit que quelque chose d'extraordinaire doit avoir lieu. La foule se presse dans la chapelle et aux alentours. Après une longue attente, on aperçoit enfin le commencement du cortège ; comme d'habitude, des señores en habit noir et pantalon blanc portent gravement des cierges allumés. La Vierge apparaît resplendissante, apportée sur un trône d'argent orné de pierreries. Toute cette foule immense se prosterne. Je me trouve presque au sommet de la montagne ; j'ai en cet instant un admirable coup d'œil : ces toilettes diverses où le blanc domine ressemblent à un tapis de neige parsemé de fleurs ; toutes ces têtes inclinées présentent un ensemble d'une solennelle et touchante piété. Les plus endurcis se sentent émus. La musique militaire fait entendre des airs tristes qui ne contribuent pas peu à cette émotion générale. On descend de la montagne avec la Vierge, on la promène par la ville, au milieu d'une foule dévotement agenouillée ; on remonte et on la replace dans son sanctuaire.

Les fêtes durèrent quinze jours ; ce fut un long accès de gaieté et de folie. Les journées commençaient par des promenades à cheval, continuaient par de longs repas aux nombreuses libations, par le jeu, et se terminaient par les bals, par le jeu encore, par des divertissements de divers genres. Le soir la ville prenait un aspect magique. Dans les principales rues, des tables s'alignaient éclairées par des bougies mises dans des bougeoirs ou collées simplement sur les tables elles-mêmes. On y vendait des friandises toutes chaudes ou des rafraîchissements. Derrière ces lumineuses rangées de tentations, les Espagnols faisaient frire, dans de grandes poêles, les *bunelos* (1), les *panadillas* (2), les *escabeches* (3) etc., et les créoles les *acras* et les *crossignols* qu'ils débitaient avec succès.

Non seulement le jeu occupait grand nombre de maisons, mais encore il s'étalait effrontément et impunément en pleine rue ; des tables de roulettes se voyaient partout, et la fièvre du gain était telle, qu'elle s'emparait même des plus indifférents. Ceux qui ne jouaient jamais se surprenaient, ces jours-là, risquant une pièce d'or sur la rouge ou la noire. Les physionomies des joueurs devenaient étrangement sinistres sous les diverses lueurs que projetaient les bougies et les flammes des fourneaux. Des gamins, sautant pardessus des feux de joie, mêlaient leurs éclats de rire aux jurons et aux malédictions des joueurs en mauvaise veine. C'était un tableau digne du pinceau de Rembrandt.

Les bals envoyaient au loin les notes les plus joyeuses de leurs fanfares comme de séduisants appâts. Il y avait bal partout, bal des blancs, bal des mulâtres, bal des nègres.

(1) Gâteaux faits avec une espèce de pois.
(2) Petits pâtés de viandes à l'ail.
(3) Poissons fortement épicés, frits dans de l'huile.

Peu à peu l'entrain général me gagnait, je me surprenais à fredonner malgré moi. Cris, chansons, pétarades, musique accompagnée de cliquetis de castagnettes, bourdonnement monotone de tambours, hurlements de joie et de douleur, tout ce tumulte, toute cette agitation, tous ces bruits divers et confus m'étourdissaient, me séduisaient par un charme étrange qui avait toute sa couleur locale. Je sentis monter à ma tête une ivresse délicieuse comme celle d'un vin généreux.

Je gravis la montagne presque en chancelant.

Là, je demeurai longtemps en contemplation. Les lumières des tables, des feux de joie, des fourneaux, éclairaient, à mes pieds, d'une façon fantastique, cette foule aux costumes divers, remuante et joyeuse. C'était d'un effet saisissant; les *vareuses* (blouses de grosse toile) des nègres se mariaient aux robes blanches des femmes; les blancs, les mulâtres et les noirs se coudoyaient. Les mille bruits lointains m'arrivaient comme un murmure immense, apportés par a brise légère avec la fumée des fritures.

Je restai immobile, fasciné, une partie de la nuit, puis je redescendis, brisé, pour chercher le repos.

Mais la ville, dans son délire, ne reposa pas.

. Hippolyte Piron.

SANTIAGO. — LA VUE DE L'OBSERVATOIRE.

(Croquis de A. Huon.)

BIBLIOTHÈQUE NATIONALE R.F. IMPRIMÉS

www.ingramcontent.com/pod-product-compliance
Ingram Content Group UK Ltd.
Pitfield, Milton Keynes, MK11 3LW, UK
UKHW022201190726
13855UKWH00004B/1582

9 782013 076722